Quiero saber

¿QUÉ?

¿QUÉ hace que los ojos de los gatos brillen en la oscuridad?

¿QUÉ es un dirigible?

¿QUÉ hace una topadora?

sequoia
kids media

Illustrated by Linda Howard Bittner
Translation by Ana Izquierdo/Arlette de Alba

Photography © Shutterstock 2021 JLStock (pg 4); Vadim Sadovski (p4); 3Dsculptor (pg 5); Denys Kurbatov (pg 6); Alexey Kljatov (pg 6); CGi Heart (pg 6); Daniel Prudek (pg 6); Peter Gudella (pg 6-7); Summer Photographer (pg 8); lunamarina (pg 9); EpicStockMedia (pg 10); Willyam Bradberry (pg 11); Andrew Sutton (pg 11); Coffeemill (pg 11); Anan Kaewkhammul (pg 12); Ultrashock (pg 13); bierchen (pg 14); Ralf Lehmann (pg 15); Valentin Valkov (pg 16); oksana2010 (pg 18); Ermolaev Alexander (pg 19); Photos SS (pg 20); KotukPhotography (pg 21); Nolte Lourens (pg 21); Kletr (pg 22); vvoe (pg 23); Nikki Zalewski (pg 24)

Published by Sequoia Kids Media,
an imprint of Sequoia Publishing & Media, LLC

Sequoia Publishing & Media, LLC.,
a division of Phoenix International Publications, Inc.

8501 West Higgins Road
Chicago, Illinois 60631

© 2023 Sequoia Publishing & Media, LLC

Paperback edition published in 2023 by Crabtree Publishing Company
ISBN 978-1-6499-6976-7 Printed in China

Customer Service: orders@crabtreebooks.com

Crabtree Classroom
A division of Crabtree Publishing Company
347 Fifth Avenue, Suite 1402-145
New York, NY, 10016

Crabtree Classroom
A division of Crabtree Publishing Company
616 Welland Ave.
St. Catharines, ON, L2M 5V6

Quiero saber

¿QUÉ?

Contenido

¿QUÉ hace que la Luna brille?

¡La luz de la Luna proviene del sol! Los rayos solares se reflejan en la superficie de la Luna. Desde nuestro punto de vista, puede parecer que la Luna produce su propia luz.

¿Sabías que...?

Las estrellas están hechas de gas y polvo giratorios. Se calientan más y más hasta convertirse en una bola de fuego. ¡Así nace una estrella!

¿QUÉ impulsa a los cohetes?

Los cohetes tienen un motor, como los coches y los aviones. Los motores de cohete producen enormes cantidades de gas caliente. El gas se expulsa hacia abajo tan rápido que hace subir al cohete.

¿QUÉ es la nieve?

Los copos de nieve están hechos de diminutas partículas de hielo que se forman en las nubes. La nieve es principalmente aire, así que con un poco de agua se produce mucha nieve.

¿Sabías que...?

La montaña más alta del mundo es el monte Everest. Tiene más de 8,800 metros de altura. ¡Eso es casi la altura máxima de vuelo para los aviones!

¿QUÉ son las montañas?

Las montañas son enormes pedazos de roca que la tierra empuja hacia arriba. ¡Sí, la tierra se mueve! Pero esto sucede muy lento. Las montañas tardan millones de años en formarse.

¿QUÉ produce el borboteo en los refrescos?

Los refrescos con gas tienen muchas burbujitas de aire. Cuando los bebes, las burbujas estallan en tu boca. También puedes ver y oír las burbujas cuando sirves el refresco en un vaso.

¿Sabías que...?

Puede darte hipo al beber una gaseosa. También puede darte hipo cuando estás emocionado o molesto.

¿QUÉ provoca los eructos?

Cuando comemos o bebemos, tragamos aire. Nuestro cuerpo necesita eliminar ese aire. Un eructo es aire que sale por tu boca. Di: "¡Perdón!" cuando eructes.

¡BUURP!

9

¿QUÉ hace un surfista para surfear?

Los surfistas se tumban boca abajo sobre la tabla de surf. Usan los brazos para impulsarse hasta la parte de la ola que está rompiendo. ¡Entonces se ponen de pie en la tabla y la ola los empuja hacia la costa!

¿QUÉ hace que el mar sea azul?

Casi toda el agua del mar es transparente, pero refleja el cielo. Cuando el cielo está azul, el agua se ve azul. ¡Pero el mar puede verse de muchos otros colores!

¿Sabías que...?

La ballena azul es el animal más grande del mundo. ¡Puede llegar a pesar tanto como 20 elefantes!

¿QUÉ pasa cuando los osos hibernan?

Puede ser difícil para los animales encontrar alimento en invierno. Los osos resuelven este problema hibernando. Duermen en una cueva o en un agujero. Todo en su cuerpo se vuelve más lento. ¡Y despiertan al llegar la primavera!

¿QUÉ hace que un zorrillo apeste?

Los zorrillos almacenan una sustancia apestosa bajo la cola. La rocían cuando se sienten asustados. ¡El olor puede durar semanas!

¿QUÉ son los volcanes?

Los volcanes son montañas con un agujero en la cima. El agujero llega hasta las profundidades de la tierra. Cuando explota y sale lava del agujero, se le llama erupción.

¿QUÉ es la lava?

¡En el interior de la Tierra hace suficiente calor para derretir rocas! La roca derretida se llama lava. La lava quema todo lo que toca. Cuando se enfría, vuelve a convertirse en roca.

¿Sabías que...?

El volcán más grande del mundo es el Mauna Loa de la isla de Hawái. ¡Cubre la mitad de la isla!

¿QUÉ hace una topadora?

Las topadoras o buldóceres desplazan pesados montones de rocas y tierra de un lado a otro. Sus enormes ruedas u orugas les ayudan a moverse sobre terreno irregular.

¿Sabías que...?

Algunas topadoras especiales funcionan en el agua. Se conducen mediante un control remoto. ¡Así nadie tiene que mojarse!

¿QUÉ hace una grúa?

¿Alguna vez has deseado que tus brazos sean más largos? Una grúa es como un brazo muy largo y fuerte. Las grúas pueden alcanzar lugares altos para agarrar y mover cosas.

¿QUÉ hace que los ojos de los gatos brillen en la oscuridad?

Los gatos pueden ver bien en la oscuridad. Esto se debe a que sus ojos reflejan la luz, como un espejo. Esa luz reflejada es lo que vemos en sus ojos.

¿Sabías que...?

El perro más grande que haya existido se llamaba Zorba. ¡Era largo como un caballo y pesaba tanto como siete niños!

¿QUÉ sueñan los perros?

Los científicos saben que los perros sueñan, ¡pero no saben de qué se tratan sus sueños, porque no hablan "perruno"!

¿QUÉ es un helicóptero?

Un helicóptero es una máquina con hélice. Puede volar arriba, abajo, hacia atrás, delante y de lado. ¡También puede quedarse flotando en el aire!

ESPECTÁCULO AÉREO HOY

¿QUÉ es un dirigible?

Los dirigibles son globos enormes que pueden transportar personas. Están llenos de un gas que flota en el aire, igual que un globo de fiesta.

¿Sabías que...?

¡POP!

¡POP!

¿Alguna vez has sentido que tus oídos "truenan"? Cuando subes a un avión, el aire hace presión sobre tus oídos. Tus oídos "truenan" para que el aire tenga la misma presión adentro y afuera.

¿QUÉ hace que el cielo cambie de color al atardecer?

El polvo y el agua del aire pueden descomponer la luz. Esto ocasiona los bonitos colores rojos, amarillos y morados que vemos al atardecer.

¿Sabías que...?

Es divertido jugar bajo el sol, pero no lo mires directamente. El sol es tan brillante que puede dañar tus ojos.

PROTECTOR SOLAR

¿QUÉ son las ostras y caracolas?

Son una cubierta dura que protege a algunos animales marinos. Las almejas y los caracoles tienen esta cubierta llamada concha. Las conchas marinas que encuentras en la playa suelen estar vacías y ya no tienen un animal dentro.

¿QUÉ crea los colores del arcoíris?

La luz se compone de muchos colores. Normalmente no podemos ver la luz en el aire, pero cuando pasa a través de gotas de agua de un modo en particular, ¡sus colores se separan y podemos verlos!